AF582307

A lazy summer evening

Renaud Derbin

A lazy summer evening

Recueil

ISBN : 979-10-377-4563-7

Préface

À la mémoire de Bernard Rousse

… Et j'ai retrouvé Renaud, après l'avoir perdu de vue pendant vingt ans (à une vache près, ne chipotez pas…). Je l'ai retrouvé, après l'avoir raté pour mon quarantième anniversaire, ce moment où l'on retrouve, de retour du travail, ce disparate de visages familiers et lointains s'esclaffant en jaillissant d'un bond de leur prévisible cachette. Ce moment où j'ai pu fêter dignement, ce nouveau, ultime, définitif passage à l'âge adulte, la sortie de l'adulescence, le spartiate sorti de la cryptie, qui de sa force paisible terrasse les boss intermédiaires des niveaux 25, 30 et 35 et leur vaine motilité.

Dans mon appartement haussmannien, tout de blanc et de parquet orné, humant de toute mon âme le pneuma de cette libation, la liquoreuse vapeur d'eau et d'os d'ambroisie

Une pariade avortée de la jeunesse fougueuse et de la maturité à la morgue altière, où les pieds de biche habiles ou pas, le gainage healthy tendant les torses valétudinaires au rythme d'un frénétique finger drumming dont l'âpre acmé fit trembler d'anodins bibelots dodelinant et craqueler leur douteuse couleur chrysocale.

Soit, je cesse de me glisser paresseusement dans ces méandres digressifs, barbouille d'aniline de sombre barbon, vite dissoute dans les sucs digestifs acides de lendemains rauques.

Et donc, j'ai retrouvé Renaud, dis-je, non à l'occasion de ce douteux rite de passage mais à un déjeuner, comme il se doit entre adultes dignes et distingués.

J'ai vécu plusieurs de ces retrouvailles d'amis de toujours, séparés d'abord subrepticement, puis plus ostensiblement au fil du temps. Le genre de retrouvailles ma foi souvent sympathique mais qui se suffit à elle-même, même si comme il est d'usage on se promet, la main sur le cœur, un dîner, à la maison, dès la semaine prochaine d'ailleurs. On n'a que trop tardé.

Une fine miniature de Lizinka de Mirbel, d'une douce et pâle harmonie et d'opales bijoux de duchesse au mince sourire.

Une jolie réduction du réel qu'on peut à loisir ranger dans quelque tiroir dérobé…

Du vin, des amabilités, du vin, des passages obligés sur la situation professionnelle – du vin – et familiale, puis des réminiscences bégayantes.

On côtoie alors les frontières de l'intime, on tutoie avec une audace capée ces limbes anthracite, en s'enquérant de nouvelles d'amis portés disparus… et on oscille sagement entre crainte et espoir de se voir céans emporté par le pneuma fluviatile de cette anastomose soudaine provoquée par ce tiers convoqué à la fontaine de Castalie.

L'issue est déjà écrite, d'une acerbe banalité.

On ne se connaît plus assez pour franchir les limites de la bienséance, percer ces apyres interstices, opaques, effusant une sourde inquiétude.

Le laurier est mâché, l'intercession a échoué, elle gît, piteuse, et il ne reste plus à Loth qu'à fuir à Tsoar.

Et on rentre donc chez soi, entre chien et loup, sans gloire, par le chemin de Méséglise.

Une sensation d'inachevée, comme à regarder les filles de Thespius, et voir de pâles figures déambulant, l'œil égaré, un peu tristes en somme, dans ce gynécée cyclopéen infécond.

Pataude tortue, parée patiemment de minéraux, sitôt livrée, sitôt perdue sur le tapis d'Orient.

Ça s'est donc passé exactement comme ça avec Renaud, enfin pas tout à fait. Enfin, non pas du tout, pour être franc.

On s'est revu. Et surtout, il m'a tendu un papier avec un poème d'Eluard, rangé précieusement dans son portefeuille.

À la lecture de ce beau recueil marqué par la synesthésie, j'avais envie, Renaud, de te répondre, bien tardivement, avec ces vers du même, dédiés à Picasso « Devant les roues toutes nouées/Un éventail rit aux éclats. /Dans les traîtres filets de l'herbe/Les routes perdent leur reflet. »

Eluard poète de l'amour, de la liberté. De la liberté des mots et des sons, se liant et se déliant, bleus d'orange, de la liberté des hommes au cœur de l'orage. Eluard compagnon critique des surréalistes, ami de Picasso donc. Un bien bel étendard que tu as brandi…

Et j'ai découvert – ou je me suis souvenu – que la vie nous avait menés sur des chemins pas si distincts.

À l'heure des choix, tiraillés entre le souffle de vie littéraire et le pragmatisme gestionnaire, anarchistes de centre droit cacochymes, unis dans le choix hybride, ambidextre, d'une hypokhâgne « option Sciences Po ».

… Puis séparés lorsqu'à rebours de tout bon sens, j'ai choisi d'aller rejoindre l'Université, sans guère plus de projet plus ficelé qu'à l'entrée en prépa. Avec pas mal de joies à la clé, ma foi, et de belles découvertes, à défaut d'un parcours cohérent et valorisable. Le comble du snobisme probablement. Mais aussi des gens, des mots, qui ont contribué à me faire.

Sans se concerter, et bien étrangement, cher Renaud, nous avons fréquenté tous les deux brièvement la fac de Créteil, Université de Paris, 12e du nom. Douze divinités olympiennes, douze travaux d'Hercule, douze apôtres, douze mois dans l'année. Douze, la perfection, l'achèvement, à riante proximité de l'assonantique Créteil Soleil et autres choux grandvaliens.

Renaud, cher ami polyglotte, nous avons eu tous les deux les joyeux cours d'allemand de Monsieur Gouchet, professeur karatéka et passionné de mythologie scandinave, qui nous a fait lire Novalis. Un peu. J'avoue que j'ai davantage goûté, et plus tardivement, ses aphorismes fragmentaires que la « blaue Blume » d'Heinrich. Et ses haïkus germains sur la relation entre poésie et réalité me semblent toujours aussi stimulants et réjouissants.

Aujourd'hui, je lis tes vers en anglais, mâtiné de cyrillique et d'Argentine de Танг o-Tango, au son lancinant-fascinant des bandonéons (de Carlsfeld, ouf !)

J'y croise un piano vermeil et ses notes de rubis qui répondent, à quelques pages d'intervalle, à une non moins rougeoyante Séléné émerillonnée.

Rouge. Comme les danseuses sanguinolentes du Suspiria de Dario Argento.

Un clavier ceint de rouge qui se fait ombrageux torero.

Dans un ondoyant désert antonionien. Rouge désert surgissant de la grisaille de la ville…

Rouge désert qui était d'abord intitulé Bleu et vert, me dit-on. Curieux…

Immensité bleue d'un rêve de Samarcande, Samarcande qui n'est qu'un mot pour moi, un nom de pays, mais ce nom m'a intrigué et a résonné en moi, autant par sa rugueuse sonorité que par la riche et composite histoire de ce lieu qui tout ouzbek qu'il soit, est pétri de ses influences perses, hellénistiques, turques… Samarcande traversée par Alexandre, par les Huns, Samarcande et son fil de soie nous menant jusqu'en Extrême-Orient… Samarcande et le shah Zaman… Samarcande où les manichéens se perdent dans une syncrétique et auguste mosquée…

Vert de l'herbe glacée, ganté du blanc de l'hiver, hiver qui se niche malicieux au cœur de cet été de lascive et délicieuse paresse.

D'interférence en diffraction irisant de doux et mystérieux yeux en amande, l'enlèvement des Sabines achoppe sur Berlin au crépuscule du vingtième siècle.

À une raide ligne du temps font face de sauvages cercles récursoires, que notre torero domptera peut-être, ou feindra de le faire en accompagnant le mouvement d'un leste geste…

Sauvages comme le désert entourant la bleue Samarcande… Décidément… et son curieux blason de panthère des neiges ailée. Sauvage cube d'Urbicande enfiévré…

Sauvage comme les félins observés prudemment derrière leur grille par Delacroix au Jardin des Plantes.

Douceur des sens de la Vénus de Boticelli aux longs cheveux baignant ses hanches et reins.

Une naissance à laquelle fait douloureusement écho un ami disparu subitement et tragiquement.

Merci, Renaud, pour la richesse de ces mots, de ces thèmes chamarrés d'amoureux des lettres, de la musique, de l'amour, de la vie… pour ces mots de passionnés, ce puzzle de langues qui vise juste et ne peut que me toucher.

Merci de me laisser poser quelques bribes à leur frontispice…

Loyalement,
Ton ami,
Octave Alphée, technocrate-philosophe,
poète intermittent.

A Book cover

A simple cover, on it a central red rose,
Will you Open it, so we read it together
And again discover this prose,
À novel, a roman, maybe a romance,
In the air like a lily fragrance ?

The first page was written unexpected
Like two lonely hearts meeting each other,
Feeling a way to share, unrestricted,
Some thoughts, pain, hopes together,
Before escalating in a second chapter,
When one of those love encountered ;
In these pages, now yellowed by time,
Ancient ages, some poems, a few rhymes,
To express the unsaid, to claim passion,
Mixed feelings, sometimes disillusion...

You can find witnesses of golden instants,
Some Pictures of towns, strolling lovers,
Ornaments of pages, story tellers.
Florence, Venice, or Berliner Dom,
They accompany words, like vibrant
Testimonies of shared perspectives,
Defying life and time, like children, naive.

This book, I am writing it for you,
It is an artwork made of words,
And of our memories, to defy sorrow,
Poetry and letters being like my sword,
To protect our love from running time,
From my mistakes and regrets,
This book says it all, of us,
Of my love for you, my Venus.

Red moon

It was a lonely, dark, winter morning, The memory of your eyes accompanies me, The landscape, hills and fields, my own reality, Hope ? Maybe, The light of red moon shining.
The moon was full, lightning the land, Frozen grass surrounding me, I believe, I dreamt, i could understand, Why you would write to me back, finally Dawn is hell and cold, I am alone,
My thoughts, my dreams are flying To You, they are like weightless drones, Witnesses coming to see you smiling
It was not worth it, not worth us, Until you simply wrote to me again, On this early day of December, Venus, Saying you too might missing me a bit, again...
Red moon is following me, showing an escape to sensual thoughts, I can see you dancing, This is a splendid early winter morning,
You wrote to me, I imagine your shapes

This special day, I will miss a flight, But will feel happy again, my love, With you, goddess, staring at me from above On this particular morning, Aurora was so bright...

Sky sent you to me, my splendid moon.

Sabina, Italy, a love Tryptique…

Do you know this picture of an italian valley,
Like Tuscan hills under a rising sun, a music play,
Which would evoke peace, lazy moments, only you and me,
Our eyes sinking in this ocean of colours, a pictural sea

My tongue running on your neck, kissing all your back,
My fingers caressing your shoulders, some light pearls of sweat,
A Glas of moscato, we share this evening sunset,
I will kiss you again when the night is getting dark

À picture of italian renaissance, From An olive tree, an essence,
Simonetta vespucci, Botticcelli venus, an absolute fragrance,

I am dreaming of us, probably it is meaning loss of sense
Your charm, your sensuality, only for my glance
Do you remember all those words we shared,
Do you remember when I feared to Lose you,
Do you know all my love for you, we in this eternal landscape,
Always associated with our common morning, the sky was blue.
On the hill, not far away, the white stones of an ancient village,
Traces of antic and medieval ages, where all begun,
Memories of Sabines women as an heritage,
History everywhere, bathed in sun.
The morning light dancing on your beautiful lines,
You are lying in a peaceful and splendid sleep,
I am watching you, all of you, caressing your hips,
The heat of this summer morning growing with sunshine.
My love, I am probably a lost soul, which might
Have met yours, who knows, at one sight ?
No-one can ever know more than you and I, ever,
What this Italian dream and poetry meant for us, dreamers .

A summer evening

Not far away, a slight music, like a riverflow.
It s a lazy summer evening, The branch of a weeping willow
reflects on the water, like dancing a tango.
In the distance, a barge is sailing, going very slow.
Your Flair, your smile, all of you around,
Few flourishing flowers, this might be my compound.
It s a lazy moment, while the sun is decreasing,
Slowly dying, my love for you always increasing,
We can feel the end of this evening occurring,
but I can see this god sun, on your visage lightning.
Your eyes, your skin, all of you around,
Few flourishing flowers, they might be my compound.
Watching you dreaming, the sound of locusts surrounding,
A summer evening for us, you and me, for nothing,
Maybe I am wrong, but I can see your lips smiling
Let me be the reason of it, allow me to be dreaming

All around spreading, your discret grace, Some roses
are smiling to you, it might be a compound.
My eyes stare at you, in an absolute loving way,
Some voices of children are breaking our silence,
You are in my arms, your magnificent presence,
my hands are caressing yours, like a tender piano
play.
May I join your thoughts ? May I enbrace your
soul ? Your lips are on mine, it is our compound.

Feline atmosphere

Chimney is warming a cosy room,
Flames keep dancing, ghost shadows,
In the end of day, late afternoon.
Winter sun dicreasing, its last rays in the window,
Heat is making flames to crazy dancers,
Moving on themselves like derviche tourneurs...
Close to fire, an old rocking chair,
Made of wood and leather,
A perfume of burning wood in the air,
The ideal place for some calm atmosphere.
Such a lazy evening announcing
Nothing else than a perfect lounge, quiet,
To be seeking for some serene rest,
So auspicious for dreaming.
Some notes of ancient jazz are diffusing
Accompanying the flames in their sensual dance,
The voice of Billie Holiday is embracing This sweet,
tender Flair from her presence.
Enjoying this moment, for a long time already,

Stretching from time to time her legs in a languid move,
Falling asleep again, like benumbed by the melody,
She is like the goddess of this place, with nothing to prove.
The reflect of fire on her dark coat,
Which she wears only for coquetry,
When the ambiance is so fluffy,
Why would she ever change spot ?
Occupying the rocking chair, carelessly,
Making it her own, hers only,
She looks at you beautifully, superb,
With half closed eyes, needs no single verb.
She will come to you, with her feline gesture,
After you desired it and asked for her presence,
Never seeking for any adventure,
Simply making you pay for your absence.
The way she will, in your arms, be puffing,
Your finger caressing her, only on her demand,
Pushing her head against yours, like kissing, She will search for love, search for your hand.
Feline sovereign, made goddess,
Her eyes piercing yours, capturing you,
She became more than a mistress,
For all her way of behave, all her meow...
Her gracious curves reminding me of you,
My lips love, and get lost on, like the sweetest caress.

Berlin, Paris, Moscow, 1991

It has been an historical year,
19-91, like perfect twins, a symbol,
Àn absolute symmetry, hyperbol
Inducing big hopes but also fears
People believing in renewal,
Those who faced something historical,
Oscillating between regrets, nostalgy,
And future projects, freed energy.
It has been a year, everything
In here went to random,
The end of an era of silent fighting,
As if we had chased all phantoms .
This must have been a wonderful day,
Probably, snow had fallen above roofs,
Sun must have be shining from all rays,
To salute a splendid arrival, from life à proof,
À day when sun and moon met again
And agreed on a simple statement.

Танго-Tango

Like a tango on your skin...
Как танго вместе, на твоё коже...
Facing an ocean or a sea, you and me,
The rhythm of a tango caressing our senses,
Your flavour, your eyes, all I want to see,
Is you, only you, when I would go for a dance,
I dream of my fingers on your skin,
Following the rhythm of this melody,
Both of us, simply you and I, lonely, I told you of
my soul you are the twin,
Your steps and mine are embracing
This uplifting, superb, unique, tango
My lips close to yours, together following
This melody i dreamt for us so long ago
Your hair are caressing my face,
Dancing with the light wind,
Dancing with this melody,
While désire and love interlace,
Making this rhythm made for us,

Unbalanced rhythm, close to rupture,
Between love and desire, unjealous,
Desiring each other, for now and future.

A red Piano

A red upright piano is standing,
Facing the riverflow, the ocean,
Waiting for someone to play,
Touch, caress him, his notes,
So he would be alive again,
Companion of other's dreams,
Expressing everything, feelings,
He used to be king of other's pain.

This red piano stands like a torero,
Would like to be played for a bolero,
Some Waltzes, or a passionate tango,
Willing to reveal the soul of a player,
To send like a Musical prayer,
All around, everywhere , to all lovers...
It is a red, pretty ancient piano,
Seeing a child coming to him ;
He tells, he would like to play a romance,
If possible, for some romantic stream,

He would play as he can, little hero,
And try to express with notes a fragrance.
For this, "would you accept me to tame you ?"

This red piano stands brave, like a torero,
He however can not play alone, no solo,
This little boy offers him a chance,
To go back to former times of magnificence,
When he was saying for others playing him,
Love, fury, pain, being screamed through him.

This little boy is going to face Mediterranea,
Joining his loneliness to this noble red piano,
Ancient and splendid tool, made of strings and *wood,*
None of them is playing alone anymore,
In musical brotherhood, they found each other,
To express love, nostalgy, send for you musical flowers,
Gifts made into notes like lilies or roses,
Chaining keyboard and fingers in perfect harmony,
Like my hands with yours, as far my memory.

This red piano, I ll be playing him for you, always,
For eternity, thinking,
dreaming of my fingers on your skin,
My fingers searching for you,

for musical plays Like Caressing your lips, your
hips, your neck,
Mon amour.

A Step back in 1942

Tu portais le verbe haut, majestueux,
De prime abord, toi, si vertueux,
Tu pouvais éblouir, et, sûrement, séduire,
Ta voix et ce ton si souvent impérieux,
On aurait dit de toi « quel bel homme ! »
Un charisme né sur les plaines de France,
Enfant tardif d'une guerre, des morts de la Somme…
Qu'as-tu fait de tes souvenirs de Prusse,
Douloureux ou heureux, une femme, une fragrance,
Née des tourments du sto, avant l'arrivée des
Russes…
Qu'as-tu gardé de ces années sacrifiées,
Pour cette mère patrie, tes frères bienveillants ?
Cet avenir que d'autres ont pour toi gâché,
Des envies d'ailleurs, peut-être, une soif de vivre,
Tu semblais si sûr de toi, tellement arrogant,
Quels furent tes moments de doutes, ou instants ivres,
Les as-tu exorcisés sous tes doigts virtuoses,
Bluthner, Erard, Steinway, musicale apothéose,

Toi qui savais tant de choses, toi l'érudit,
Tu étais une histoire française, un témoignage d'une vie,

Mais de quatre mains, jamais une trace,
Seulement des litanies, des sarcasmes,
Tu sacrifias finalement à ta vanité,
Tout ce qui m'aurait donné, pour toi, de la fierté…

Wild Circles...

Walking in quiet, asleep streets,
On the riverside, is it the Seine, the Spree ?
Watching all around, I have no clue
My mind is getting lost, I am in Moscow.
I wake up, and see a rising sun,
At first I feel like being released,
Before I get back to sad heartsease.
Suddenly appears again this shadow,
Again and again, the weight of sorrow
I turn my eyes searching for mercy,
Dreaming of finding a way, no ambiguity.
I am willing to delete my memory,
Trying to watch at us with some irony.
But all I can reach is a wild circle,
Which leads me each time to pain,
A kind of bleeding heart, purple,
Not to be washed away by any rain.
I am staring at a Berliner lake,
Refreshing body and soul in cold water,

Your image appears to me, was it fake,
Was whole of us written for never ?
I can try to forget, try, from us, to get away,
In my mind remain those words "please stay"
How weak, strange, how fool is my brain,
Trying to escape those circles of you in vain.

Dream of immensity

Do you see this splendid blue reflection,
So clear, so luminous, stunning from far away
,Historical treasure, made for god, man s
construction, So lightning under Râ's light, sun
rays ?
It has been the dream of a Khan or a tsar,
For some sit close to god, a kind of perpetual envy,
To leave traces of himself, forever in those
immensities
Remaining even in darkness, shapes like mirroring
stars.
Somehow extravagant, sign of so much ambition,
Symbol of man s pride, arrogance at first sight,
Built in a desert, against ice or sand, a fight,
Trying to reach the sky, and at night, touch
constellations...
Samarkand's mosque, Petersburg or Milan's
cathedrals,

All sacrifice, efforts done by others for signs of immortality,
The blood given for them, like "спас на крови"... ?
Decisions of simple humans, who were born "royals".

I am not a king, I am not seeking for might, For us, I am simply trying to find a piece of eternity,
At least in this life, to offer us an instant, which I wish so bright,
If I reached your smile, then, it will not have been only vanity...

Maybe my poems to you, antpieces, are here for a short time,
They will fly like autumn leafs, they are an humble shrine,
For me to tell you some dreams, to tell you my love,
As I tried to describe those superb buildings above...
Those artworks based on Lust for power and envy,
Captivated as I am, all along by your beauty,
I wanted, for you, to open some doors to poetry,
Delusion or not, all those places that, with you, I dream to see...

Your almond eyes

Who are you thinking of when dancing,
Beautiful, on a sensual melody,
Line of your body capturing
All my senses, in a perfect harmony ?
The tips of your fingers draw some arabesques,
Your moves, your grace remind of lointain Persian
princess.
Heat and rhythms stick thin textiles on your skin,
Drawing precisely all of your curves, my sweetest
sin.
What are you feeling at this instant,
With music notes, where to is your mind flying ?
Is dance capturing Both your soul And body ?
Watching your lightning presence,
All your splendid shapes, following music, like
being tensed,
I try to catch your eyes with mine,
Your eyes, my splendid almonds...
When they are in rage, harder than diamonds,

Or when giving me your love, shining like stars.
Come to me, my lips seeking for yours, their nectar,
give your hands to mine, let us laze...
I will wait for Our lips to join, to graze,
So I can sink my eyes in yours.
Your almond eyes will be half closed,
Please keep them slightly open,
So I am allowed to believe, i can read deep into your soul.

Ulrich
1994

La brume avait envahi ce ciel jusque-là étoilé,
Une sorte de défi, d'ironie à cette superbe virée.
Toi et moi, sommes sortis, dignes et fiers,
Autant que nous le permettaient nos bières,
La brasserie Früh, derrière nous, devant nous le dom,
Et notre envie de vivre, ensemble, rappelle-toi notre idiome…
Je revois comment, de toutes nos histoires,
Toute cette soirée, nous n'avons fait qu'en boire,
Et rire, nous étions jeunes, tu étais mon frère.
Le souvenir, récent, d'une blessure amoureuse,
D'une déception, un sourire en faisait rien,
Parce que tu étais à mes côtés, pour une éternité,
Et que de nos rêves, tout aurait dû subsister !
La brume nous a entourés, sans nous prendre,
Les flèches de cette cathédrale adorée,

Nous les regardions, sans pouvoir les distinguer,
Et nous avons ri, encore, toujours, sans comprendre…
Que cette soirée fut belle, unique,
J'en revois chaque détail, de nos vies,
Mon ami, mon frère, mon Ulrich,
Tant de choses non faites, tant de si…
Acceptes-tu que je vive avec toi ce monde,
Cela fait des années, par procuration, que je le subis,
Sans toi, il a beaucoup d'une bête immonde,
Que tu hairais, et regarderais avec mépris.

Comme Les tours du Dom me semblent lointaines,
Celles que toi et moi admirions, adorions,
Cherchions dans la brume, recherche vaine…
Je t'écris comme J'aurais dû le faire,
Il y a très longtemps, pour comprendre ta peine,
Ton besoin d'ailleurs, tes rêves, mon frère.
Je repense à cette brume de Cologne,
À nos alcools, à nos mémoires Gascognes,
Ne devraient rester que nostalgie et regrets.
Mais tu vis, mon âme sœur, par nous, par moi,
Ton filleul porte ton nom, ce qui te laisserait sans
voix…

Laurent le Magnifique…

Il fut question d'un jour de fin de l'histoire,
Pour tous, aucune menace, ou peur de systèmes,
De fous se drapant de brun ou de noir,
Pour faire, aux autres, subir leur haine ;
Il fut question d'un jour d'enfance béni,
Lorsqu'un mur tomba, et avec lui miradors,
Chiens et esclaves, faucons et butors,
De tout cela, ne resterait que souvenir honni.

Il fut question de rêves, d'espoirs entrevus,
À tian an men, à Berlin ou Phnom Pen,
De ces instants qui bouleversent un siècle malvenu,
Et font oublier la faiblesse humaine,
Brièvement, mais intensément, comme un ciel
toscan,
Un soir d'été, serein, au soleil couchant.

Une villa perdue dans les monts après Florence,
De Laurent le magnifique, des rêves de grandeur,

D'arts, de profusion, pouvoir, magnificence,
Elle porte en elle, de chaque passage du temps les malheurs,
Elle est un écrin perdu, splendide de sérénité,
Et je me rappelle, trop bien, quelques beaux étés.

Il fut question de paix, D avenir, de beauté,
De construction de l'Europe, notre Europe,
Comme un principe, une sagesse, pour l'éternité…
Le cheval Europe, au loin, finalement galope,
Sans but, sans plus d'âme, traînant avec elle
Mes souvenirs de cette chute d'un espoir prétendument éternel.

Il fut question d'un jour qui changeait l'histoire,
Lorsque des Allemands ont écrasé les barbelés,
Pour rejoindre d'autres Allemands et ensemble croire,
Croire en un peuple, une harmonie, oublier les passés,
Se perdre dans l'oubli d'une mémoire qui ne peut s'effacer ;
Pourtant l'histoire se répète, les humains la portent,
Prisonniers de leur douloureuse question d'identité.

Nous sommes maintenant ramenés à nos propres défaillances,

Ce jour de novembre 1989 me semble trop loin,
Pour que je convoque mes espoirs d'enfance,
Nés ce jour-là et qui désormais me semblent si vains.

Table de matières

Imprimé en Allemagne
Achevé d'imprimer en novembre 2021
Dépôt légal : novembre 2021

Pour

Le Lys Bleu Éditions
40, rue du Louvre
75001 Paris

LE LYS BLEU
ÉDITIONS

www.ingramcontent.com/pod-product-compliance
Lightning Source LLC
LaVergne TN
LVHW020523160826
845677LV00015B/3874

* 9 7 9 1 0 3 7 7 4 5 6 3 7 *